김만덕은요!

생일
1739년 (제주) 태어난 날은 알 수 없어요.

별명
제주 여장부, 만덕 할망

좋아하는 것
다른 사람 돕기

싫어하는 것
욕심쟁이

잘하는 것
장사하기

못하는 것
자기 혼자만 잘 먹고 잘살기

글 유영소

성신여자대학교에서 국어국문학과 석사학위를 받았습니다.
1998년 MBC창작동화대상과 2005년 마해송문학상을 받았습니다.
재미나게 읽고 지혜로운 생각들을 쑥쑥 자라게 하는 글을 쓰려고 노력하고 있습니다.
쓴 책으로 〈행복빌라 미녀 4총사〉, 〈알파벳 벌레가 스멀스멀〉,
〈겨울 해바라기〉, 〈불가사리를 기억해〉 등이 있습니다.

그림 최은영

대학교에서 시각정보디자인을 공부했고,
엄마가 된 후 아이들에게 내면의 놀이터를 만들어 주고 싶어 그림 그리는 일을 시작했습니다.
현재 프리랜서로 활동하고 있습니다.
그린 책으로 〈La Couleur Du Secret〉, 〈Ah-choo!〉,
〈방귀공주의 비밀〉, 〈딩동댕, 세상을 보여줘!〉 등이 있습니다.

100인의 위인들 교과서 속 사회 공헌가를 꿈꾸는 아이 김만덕
과랑과랑 만덕 할망

글 유영소 그림 최은영
펴낸이 남선녀 **기획 편집** 하늘땅 최문주 신지원 정명순 **디자인** 하늘땅 박희경 문정선
펴낸곳 한국차일드아카데미 **주소** 경기도 고양시 일산동구 은마길 77 **전화** 1588-6759
출판등록 2001년 1월 19일(제5-175호) **홈페이지** www.ekca.co.kr

ⓒ (주)한국차일드아카데미
※잘못된 책은 교환해 드립니다.
이 책은 저작권법에 의해 보호를 받는 저작물이므로 무단전재와 무단복제를 금합니다.
주의: 책이 딱딱하여 다칠 우려가 있으니 던지거나 떨어뜨리지 않도록 주의하십시오.

과랑과랑
만덕 할망

글 유영소 그림 최은영

한국차일드아카데미

옛날 옛적 그러고도 아주아주 오래전 옛날에
제주 섬에 설문대 할망이 살았대.
높은 하늘 위로 머리가 우뚝 솟고
깊은 바닷물이 정강이에서 찰랑거릴 정도로
아주 커다란 거인 할망이었지.
설문대 할망은 치마폭 가득 흙을 퍼 담아
제주도 한가운데 쏟아부어 한라산도 만들었어.
아들도 오백 명이나 낳아 아주 잘 길렀대.

*'할망'은 제주도 등에서 '할머니'를 뜻하는 말이에요.

만덕 할망도 옛날에 제주도에 살았어.
설문대 할망이 몸집 큰 거인이었다면
만덕 할망은 마음 씀씀이가 누구보다 큰 거인이었어.
크기만 했나?
따뜻하기로 말하자면 쨍쨍 내리쬐는 햇볕만큼 뜨거웠지.
그래서 과랑과랑 만덕 할망이야.

*'과랑과랑'은 '햇볕이 쨍쨍하다'는 뜻의 제주도 말이에요.

만덕 할망은 어렸을 때 부모를 잃었어.
아버지는 배를 타고 바다에 나갔다가 못 돌아오고
어머니는 병에 걸려 앓다 돌아가셨지.
어린 만덕이는 곁에 아무도 없어 혼자 엉엉 울었어.
그러다 기생집에 수양딸로 들어가게 되었어.
춤도 노래도 가야금도 어찌나 잘하던지
소문이 자자했대.

그런데 기생으로 살기는 싫더래.
평생 관청 노비로 매여서 노래하고 춤추기는 딱 싫더래.
그래서 관청 우두머리를 찾아가 이야기했지.
"저는 본래 기생으로 태어난 것이 아니니
이제부터 기생으로 살지 않겠습니다."
만덕이가 하도 당당하게 말하니까
관아에서도 이런저런 일들을 알아보았어.
그러곤 기생들 이름을 적어 둔 책에서 만덕이를 빼 주었지.

평범한 제주 아낙이 된 만덕이는 장사를 시작했어.
처음엔 얼마나 힘들었게!
해녀들이 잡아 온 생선을 받아다 팔기도 하고
방물장수가 되어 보따리를 이고 다니기도 했지.
그래도 마음은 신나더래.
몸은 힘들어도 자기 살고 싶은 대로 사니 얼마나 좋아.

*'방물장수'는 여자들이 쓰는 화장품이나 장신구, 바느질 도구 따위를 여기저기 팔러 다녔던 사람을 말해요.

돈을 모아서 만덕이는 객주를 차렸어.
물건을 사거나 팔려고 육지에서 온 장사꾼들을 봐주고
직접 육지로 배를 띄워 장사도 하는 큰 상인이 된 거야.
여자의 몸으로 그런 일을 한다고 하니 모두 깜짝 놀랐지.
어림없는 일이라며 콧방귀를 뀌는 사람도 많았어.
객주로 먼저 자리 잡은 상인들은 만덕이를 괴롭히기도 했지.
장사를 못하게 으름장도 놓고 물건을 빼앗아 간 적도 있어.

*'객주'는 장사하러 다른 지방에서 온 사람들이 잠도 자고 음식도 사 먹던 집이에요. '객주 주인'을 객주라고 부르기도 했지요. 객주는 장수들이 팔러 온 물건을 맡아 팔거나 흥정도 붙여 주었어요.

만덕이는 끄떡도 않았어.
눈물을 찔끔찔끔 짜거나 속상해하는 대신
더 장사를 잘하는 방법들을 생각해 냈지.
제주도에서만 나는 특산물을 육지에 내다 팔고
뭍에서 실어 온 귀한 것들은 비싸게 팔았어.
제주도의 돈이 만덕의 객주로 모였어.
만덕은 점점 더 큰 부자가 되었지.

*어떤 지역에서만 나는 특별한 물건을 '특산물'이라고 해요.

세월이 흘러 만덕 할망은
제주도에서 가장 큰 부자가 되었어.
하지만 제주도는 그 사이 점점 가난한 섬이 되었지.
가뜩이나 농사도 잘 안 되는 섬에 흉년이 계속 들더니
무서운 전염병까지 돌아 사람들이 다 죽게 된 거야.
한양에 계신 임금님이 급하게 쌀을 보냈지만
제주 앞바다에서 폭풍을 만나 배가 가라앉았다지 뭐야.
아이고, 이제 제주도 사람들 다 죽게 되었네!

*제주도의 대부분은 물이 잘 스며드는 성질을 가진 현무암으로 이루어져 있어요.
비가 많이 와도 물이 돌에 스며들어 농사지을 물이 부족하지요.

18

그때 만덕 할망이 객주의 문을 열었어.
대문 바깥으로 커다란 솥을 내걸고 죽을 끓였지.
고동을 넣고 넉넉히 쑨 보말죽에서는 구수한 냄새가 났어.
그 냄새가 길바닥에 쓰러져 있던 사람들을 하나둘 일으켜 세웠어.
다음 날엔 더 많은 사람이,
그다음 날엔 더욱더 많은 사람이
만덕 할망이 끓인 죽을 먹었지.
참말이지 따뜻하고 맛나고 귀한 죽이었어.

*'보말죽'은 작은 소라 같은 고동류를 넣고 끓인 제주도의 전통 죽이에요.

만덕 할망은 곳간 문을 열고 쌀도 나눠 주었어.
배를 띄워 육지에서 새로 쌀을 사와서는 관청에 바쳤지.
그리고는 더 많은 제주 사람들에게 나눠 주라고 청했어.
사람들은 평생 모은 것을 이렇게 다 쓰니 아깝지 않느냐고 물었어.
"귀하디귀한 쌀이 안 아까운 이가 있겠소?
하지만 사람 목숨보다 더 귀하고 아까울까!
더구나 나를 이리 부자로 만들어 준 제주 사람들을
살릴 수 있으니 얼마나 좋게요."

한양에 계신 임금님한테도 만덕 할망 이야기가 전해졌어.
임금님은 크게 감동해서 이리 말씀하셨지.
"김만덕이 제주의 영웅이로구나!
만덕에게 소원을 말하라 하라.
내 친히 제주 여장부의 소원을 들어줄 것이다."
만덕 할망은 시원스럽게 대답했어.
"제주 여자는 뭍으로 나갈 수 없지만,
한양 궁궐에서 임금님도 뵙고 아름다운 금강산도
구경한다면 죽어도 여한이 없겠습니다."

임금님이 열어 준 궁궐 잔치에서 즐겁게 놀고
금강산 일만 이천 봉우리마다 발자국 콩콩 찍으며
만덕 할망 아주 신이 났겠지!
그래도 나고 자란 섬 제주도가 자꾸 보고파
꿈에서는 바다에서 헤엄치며 놀았을 거야.
한라산을 베고 누워 왼발은 서해에
오른발은 동해에 담그고 풍덩풍덩 물장구쳤겠지?
설문대 할망이 그랬던 것처럼 말이야.